AF444000

MI PROPUESTA SOY YO

E. R. E.

Diseño de portada: Oscar Rivera

Revisión: Nohemy Ventura

San Salvador, 2021

MI PROPUESTA SOY YO

E. R. E.

INDICE

A ti,

que sin saberlo

inspiraste muchos de estos escritos...

»»————— ★ —————««

¿SÍ?

SÍ

Negarnos

Porque esto no se finge, aunque digas que sí,
hablar por horas de todo y de nada,
escuchando tu voz y risa encantada,
descubriendo el amor en una mirada así.

Sentir nuestras almas en conexión,
y que nuestras manos en apenas un roce
provoquen por dentro caos y tremendo goce,
escuchando alrededor una bella canción.

Cuánto anhelo tu boca llegar a probar,
disfrutar el dulce tacto de tus labios,
una y otra vez unidos con los míos,
y de ellos un poco más siempre desear.

Pero tú, mi amor, no puedes negarnos
la oportunidad de ver adónde podemos llegar;
ni por miedo o temor te vayas a alejar,
porque yo quiero darme por completo a vos.

Seremos

Y despertar a tu lado, amor mío,
regalándome tu primer sonrisa de cada día;
iniciando con un beso lleno de vida,
pronto será, estoy seguro.

Anhelando llegar a nuestro hogar,
cenar, reír, hablar de la jornada;
lo bueno, lo malo y cuánto te extrañé,
llegará eso, nos lo debemos.

Las tardes del fin de semana, juntos,
leyendo, jugando, haciendo el mandado;
soñar, dormir y volver a amar,
cada vez nos falta menos.

Una rutina diferente cada día,
besarte cada vez que quiera;
y estar a una nada de distancia,
seremos, no ahorita, pero seremos.

¿Me permites?

¿Me permites un tour por tus lunares?
prometo ir despacio por cada uno;
sorprenderme y admirarme ante ellos,
y dejar un beso antes de moverme al siguiente.

¿Me permites un recorrido por tus labios?
prometo ir sin prisa y con delicadeza;
con pasión, sin lugar a dudas,
y quedarme por un beso, o dos, o más...

¿Me permites un viaje por tu corazón?
si quieres llego sin mover nada;
pero si me dejas, prometo quedarme,
aun en el más pequeño rincón, por siempre.

¿Me permites una estadía en tu vida?
¡tanta aventura y esta es mi favorita!
descubrir algo nuevo cada día,
y amarla, y amarte más todavía.

Míl veces sí

Te veo, suspirando,
escuchando la misma canción;
esa que habla de amor,
esa que quisieras para vos.

Te veo, soñando,
con un beso de película;
una escena de playa,
o un viaje en jet.

Te veo, esperando,
un gesto de esos románticos,
y yo, sin saber expresar,
todo lo que en mi libreta hay.

Me ves, con lápiz en mano,
escribiendo y borrando;
y seguro te preguntas si alguna vez
escribí de ti; y la respuesta es sí,
mil veces sí…

Futuro

Prometo decirte que al final sí pudimos,
después de todo el tiempo y las dudas;
de la juventud y las excusas absurdas,
mi cabeza en tu regazo afirma que lo hicimos.

Cuando aprendamos qué es lo realmente necesario,
que no son los lujos, el dinero o posesiones;
que es el amar profundo y dedicarnos canciones,
que es reconquistarnos mutuamente a diario.

Y es verdad, aún no sé cómo lo lograremos,
pero algún día estaremos juntos y felices,
contando cada sueño cumplido y alcanzado.

Mientras tanto, de este tiempo disfrutemos,
que aunque ahora los días se ven muy grises,
un día estaré junto a tu pecho eternamente abrazado.

¿Cuántos?

Tú y yo

¿Cuántos?

¿Cuántos sueños convierten a uno en realidad?
De no soñarlo más, sino vivirlo ya,
que la vida supere mis deseos,
y disfrutar de lo que ahora solo imagino.

¿Cuántas risas son posibles a tu lado?
En una tarde sin nada más que tu compañía,
las bromas, los juegos y la alegría,
la certeza de ser feliz, contigo vida mía.

¿Cuántos besos caben en una noche en tus brazos?
¿Cuántos abrazos caben en una sola velada?
¿Cuántas palabras dichas con miradas?

¿Cuántos amaneceres son posible contigo?
¿Cuánto amor puede nacer del uno para el otro?
¿Cuántos "te quiero" en una vida a tu lado?

Un beso

Un beso por cada día sin verte,
un abrazo por cada día de frío,
un brindis por cada escapada juntos.

Un beso por cada sonrisa tuya,
un deseo por cada que tus ojos brillen,
un café por cada amanecer a tu lado.

Un beso por cada lluvia que pasemos,
un helado por cada tarde de verano,
un postre por cada que nos tome la noche.

Un beso por cada lunar que tengas,
una caricia por cada cicatriz en tu piel,
un stop al tiempo cada que seas mía.

Un beso por cada año juntos,
una caminata por cada playa que veamos,
una vida para contigo compartirla.

Tu abrazo

Mi hogar, mi lugar favorito para estar,
contigo, en tus brazos, en un abrazo;
con tu corazón tan cerquita del mío,
juntos, combatiendo calor o frío.

Llegar y abrazarte por detrás,
quedarnos juntos viendo al mismo lugar;
avanzar como si de un baile se tratara,
sin más música que dos corazones latiendo.

Abrazarte y tener tu boca frente a la mía,
abrazarte y hacerte olvidar tus miedos;
abrazarte y que quieras quedarte en mi vida,
abrazarte y y que nada más importe.

Te abrazaría hasta oler como tú,
tener un poquito de ti en mí;
llevarte donde sea que vaya conmigo,
y poder regresar siempre al mejor lugar.

Despierto

Abriste los ojos,
tu desayuno ya en la cama.
Iniciaba el día,
listo para nuestras aventuras.

Jugar a la hora de la ducha,
y modelar al elegir la ropa;
admirar lo guapa que eres,
con o sin algo puesto.

Quedarnos sentados en el sillón,
hablando con la tv de fondo;
discutir por lo que se va a cocinar,
sabiendo que hay postre sin parar.

Caminar de la mano por la ciudad,
viendo al mundo más feliz;
cuando en realidad soy yo el feliz,
estando contigo, amor mío.

Ir de regreso a casa,
mientras el sol se oculta también;
desear que lo que me queda de vida,
sean como este domingo, amiga mía.

Desperté, soñé que sí,
pero desperté y no.
Quizás algún día sí lo viva

Solo tú

Al verte o al pensarte,
nunca sé por dónde empezar a describirte.
Si todo me parece una maravilla,
si de ti, todo me encanta.

Bella sonrisa, como noche estrellada,
tus lindos ojos, como ver un hermoso cielo;
tu voz tan dulce como cualquier sinfonía,
y tu presencia que me llena y tranquiliza.

Tu alegría que motiva más que un buen café,
tu bondad sin límites como el mar,
inteligente y torpe, tierna y fuerte,
solo tú, mi amor, solo tú, corazón.

No digo más, porque te pueden robar,
pero ahora entiendes que tú eres genial,
porque siempre que estás ahí
mis ojos brillan y mi sonrisa aparece.

De sueños

y palabras.

Díme

Sin palabras dime que me quieres,
con tu sonrisa y tu mirada;
con rozar tus dedos en mis cabellos,
con ser tú misma conmigo.

Dime que me quieres sin decirlo,
dímelo con tus canciones favoritas,
dímelo contando tus sueños más locos,
dímelo jugando, sin tiempo ni razón.

Dime que me quieres con un mensaje,
con un "buenos días, hoy pensé en ti";
con un beso en mi mejilla,
o un abrazo que nos una el corazón.

Dime que me quieres,
dilo hasta que lo creas;
repítemelo cada día,
hasta el fin de nuestras vidas.

Mereces

Te mereces un café por las mañanas,
y un "qué guapa amaneciste".
Te mereces el desayuno en la cama,
y un besayuno cada fin de semana.

Te mereces un beso de buenas noches,
y cariños en el cabello antes de dormir.
Te mereces un masaje al llegar a casa,
y un abrazo con sabor a hogar.

Te mereces canciones nuevas cada semana;
y poemas y chocolates en tu ventana.
Te mereces una primavera en tu cumpleaños,
y una noche estrellada solo para ti.

Te mereces un beso en cada lunar,
y que te tomen de la mano al caminar.
Te mereces eso y muchísimo más.
Perdón por no ser lo que amás.

Deseando

Así se me va el tiempo de cada día,
deseando que mientras todo pasa, tú te quedes.
Que lo cotidiano se vuelva especial,
como sucede siempre que estás presente.

Así se me van todas las noches,
soñando que duermes a mi lado, amor;
que tu mano y mi mano duermen unidas,
y al despertar, mi sueño sigue en realidad.

Así se me va poco a poco la vida,
imaginando qué decir al siguiente encuentro,
cómo hacerte reír y verte más feliz,
que te enamores más de mí, como yo de ti.

Y me la paso deseando, soñando e imaginando,
que somos algo, cuando sé bien que no somos nada.
Es que sabía que no eras para mí, pero ¡rayos!
cuánto hubiera deseado que sí.

Podría

Podría perderme entre tus cabellos,

ahogarme en la miel de tus labios;

entrar en lo profundo de tus ojos,

y hacerlo feliz, feliz en ti.

Podría pintar en el cielo tu sonrisa,

y regar con tu aroma las flores;

grabar con tu voz mil te quiero,

y compartirte nada más que conmigo.

Podría ser explorador de tus lunares,

y recorrer cada centímetro de tu piel;

habitar en lo más lindo de tu corazón,

y quererte cada día más.

Podría despertar a diario a tu lado,

darte un beso y otro más largo.

Podría hacerlo y quiero hacerlo.

Podríamos hacerlo, ¿sí quieres?

Sí te preguntas

Hoy por aquí te dejo un sí,
por si te preguntas si pienso en ti todo el día;
si te recuerdo a ti y tus manías,
a ti y y tu sonrisa, tan tuya y tan mía.

Aquí te dejo mis escritos,
por si te preguntas si me inspiras;
si me haces creativo, romántico,
cursi, loco, o todo eso y más.

Aquí te dejo mi corazón,
por si te preguntas si te quiero;
mira dentro y ve que es tuyo entero,
tu hogar y tu lugar para amar.

Aquí me quedo yo, contigo,
porque no tengo otro lugar para ir;
no quiero que sea otro lugar,
no, si tú no estás.

¿Me aceptas?

¿Dónde?

Sé lo que te gusta,
la música que amas;
la canción que cantas con más ganas,
y la que repites siempre, una vez más.

Sé qué película no te aburre,
la que ves vez tras vez,
con cuál suspiras y lloras,
y con la que más ríes.

Sé que amas bailar,
aunque nadie se dé cuenta;
que eres loca chocolates,
y amas esas pequeñas notitas.

Sé de qué color amas las rosas,
y cuánto disfrutas ver al cielo.
Sé de tu fragancia favorita,
y con qué ropa te sientes más linda.

Pero entre todo eso que te gusta,
¿dónde quedo yo?
Porque sé tanto de ti,
pero tú apenas sabes de mí.

Mí propuesta soy yo

Te ofrezco unas manos que sirvan de guía,
que no calientan porque siempre están frías;
pero nunca te sueltan como fieles amigas.

Te ofrezco mi pecho para recostarte cuando tengas sueño,
que no es muy grande pero sí cómodo y bueno;
como si para recibirte justamente fue su diseño.

Te ofrezco mis oídos para escuchar tu cantar,
aunque a ti ya te aburra, a mí siempre me va a alegrar;
escuchar tu voz a susurras hace a mi corazón saltar.

Te ofrezco mis labios para que ahí puedas permanecer,
que te acerques a ellos y conectes tu ser con mi ser;
un solo beso y el amor poco a poco empieza a crecer.

Te ofrezco mi vida, invisible en todo este universo,
te ofrezco mi pensar, mi soñar, y también este verso;
si te animas, al igual que yo, a estar en este viaje inmerso.

Hoy también

Hoy también estoy pensando en ti,
después de escuchar nuestra canción;
sonando por ahí en algún lugar,
me hizo pensarte y te sentí.

Hoy también estoy pensando en ti,
la brisa trajo tu aroma hasta mí;
inconfundible es y yo solo sonreí,
me rodeó y en ese momento fui feliz.

Hoy también estoy pensando en ti,
y volví a leer nuestros mensajes;
sentir que con solo unas palabras
la distancia no existía para ti y para mí.

Hoy también estoy pensando en ti,
y sufro por no verte a mi alrededor;
extraño de tu presencia no ser acreedor,
y sentir en mi pecho tu latir.

Hoy también estoy pensando en ti,
y de nuevo me convenzo que es mejor así;
que estás mejor sin mí,
que eres feliz lejos de aquí.

Deseo

Sencillo. Soy alguien de gustos sencillos.
Una caminata y una larga charla;
un atardecer y un minuto para contemplarlo,
tú, con el cabello desarreglado.

Sonreír se hace fácil cuando sabes adónde ver,
a unos niños jugando y gritando;
el amanecer trayendo un nuevo día,
a ti, distraída, siendo hermosamente tú.

¿Por qué pedir más cuando ya tienes todo?
Una voz para animar y consolar,
unos brazos para cuidar y apapachar,
un corazón que late por volver a amar.

Y si me preguntas qué pedí,
a las velas de mi último pastel,
la respuesta es sencilla:
un beso cortito y tu sonrisa, eso quiero.

Insuficiente

Te ofrecí mis manos para que fueran tu apoyo,
mi pecho para que sirviera como tu almohada;
junto a mis brazos para que ahí descansaras,
y al parecer, no te fue suficiente.

Te di mis días, tardes y noches,
que tu luz creciera en mis mañanas;
y tu imaginación aumentara en mis sueños,
pero no alcanzó lo que yo podía darte.

Te dispuse mi corazón y toda mi atención,
dos ojitos brillando con tu sonrisa;
y un amor real, bonito y sincero, solo para ti,
y no te bastó para aquí permanecer.

Con todo y esto, no te quisiste quedar,
y supongo que está bien, si esa decisión te hizo feliz;
mientras tanto yo aquí seguiré, trabajando en mí,
por si vuelves y te quedas de una vez.

Musa

Boníta

Eres tan bonita
que decirlo resulta redundante,
decirlo parece no ser suficiente,
no alcanza, para expresarlo, una sola palabra.

Eres tan bonita
que no hay canción que te describa,
no hay sonido tan especial para entonarte,
tu nombre, solamente, la más bella melodía.

Eres tan bonita
que la primavera se avergüenza frente a ti,
ni las estrellas brillan como tú sí lo haces,
tan bonita que al viajar el paisaje te admira a ti.

Eres tan bonita,
decirlo no es suficiente, pero nunca está de más.
Afortunados somos que estés entre nosotros,
afortunado soy de verte como ningún otro.

Y no

No es insomnio, es que me gusta soñar,
soñar despierto con otra realidad;
una dimensión diferente donde se nos da,
donde funciona, donde podemos ser.

No es tristeza, es melancolía,
extrañando lo que no hemos podido vivir;
deseando que desear fuera suficiente
para que desearas estar junto a mí.

No es que no seas feliz,
que espero sí lo seas;
es que conmigo podrías ser más feliz,
si tan solo la oportunidad nos dieras.

No es insomnio,
es todo aquello que te iba a decir y no.
No es tristeza,
es todo aquello que íbamos a vivir y no.

Un poquito más

Mirarte y fingir que no te miro,
que no me derrite tu sonrisa;
que no me cautiva tu presencia,
que no me enamora verte por ahí.

Esperando con ansias el siguiente día,
solo para compartir contigo una risa más,
alegrar mi día con esos 2 minutos
que me ves a mí, solo a mí, vida mía.

La que me ha quitado el sueño,
atrapado por completo mi atención;
robado entero mi corazón,
eso y ni cuenta tú te das.

Y yo solo sigo por aquí,
sonriéndote, mi amiga, diciendo que te quiero;
aunque siempre te voy a querer
un poquito más de todo lo que te digo.

En todo, tú

El mundo sigue girando
y la gente sigue corriendo;
todos agitados, buscando algo,
algo que quizás no encontrarán.

Barcos zarpando, aviones aterrizando;
personas se van y otras van llegando;
la vida continúa su plan,
y muchos ni cuenta se dan.

Algunos riendo, otros llorando;
algunos abrazando, otros besando;
algunos pensando en alguien,
mi mente totalmente invadida.

En una risa en medio del tráfico,
en la primera estrella del ocaso;
en una rosa en medio del desierto.
En todo estás tú, mi paz, mi luz, mi amor.

Por un beso

Y por un beso, solo por un beso,
¿qué no daría por uno de esos besos?
no un beso cualquiera, ni de labios cualesquiera,
un beso de ella, uno de sus labios.

Por un beso, solo por un beso,
iría a la luna y regresaría;
daría la vuelta al mundo hasta encontrarla,
por un beso de ella, de sus tiernos labios.

Por desearlo, el sueño se me va,
en mi mente, solo sus besos están;
anhelo ese suave roce, ese dulce sabor,
por un beso de ella, de sus lindos labios.

¡Bésame! ¡o déjame besarte!
El mundo pasa mientras nos besamos,
la vida es mejor si nos besamos;
de ti más me enamoro si nos besamos.

Fundamento

Incondicional

Me llamaste tu siervo, aunque no sabía nada,
me llamaste para tu propósito, más grande de lo que soy;
me hiciste parte de tu plan aun sobre mi vida desgastada,
te mantuviste a mi lado y ahora mi vida entera te doy.

Me llamaste amigo, a pesar de mis fallas,
pude acercarme a ti y conocer tu sonrisa;
cada día me ayudas a ser más de tu talla,
ahora estoy contigo, sin tiempo y sin prisa.

Ahora soy tu hijo, formo parte de tu hogar,
como en tu mesa y visto de tus ropas;
en tu presencia por siempre puedo descansar,
contigo canto, bailo, disfruto de todas las cosas.

Yo soy tu amado y tu amor es inagotable,
me buscaste y hallaste porque primero me amaste.
Tú eres mi amado, esto es algo interminable,
me diste nueva vida desde que mi alma salvaste.